AF636045

MICHAEL FINK

Freispiel Impulse

Schreibwerkstatt

HERDER

FREIBURG · BASEL · WIEN

MIX
Papier | Fördert gute Waldnutzung
FSC® C010798

© Verlag Herder GmbH, Freiburg im Breisgau 2024
Alle Rechte vorbehalten
www.herder.de

Umschlaggestaltung: Sabine Ufer, Annett Jana Berndt
Umschlagfoto und Fotos im Innenteil: © Michael Fink
Satz und Gestaltung: Sabine Ufer, Annett Jana Berndt

Herstellung: GRASPO CZ, Zlin
Printed in the Czech Republic

ISBN (Print) 978-3-451-39232-0
ISBN E-Book (PDF) 978-3-451-83338-0

Inhalt

Lasst Kinder die Schrift erobern!

Im klassischen deutschen Bildungssystem war die Sache mit der Schrift klar geregelt. Lesen und Schreiben lernte man ab dem ersten Tag in der Grundschule. Bis dahin galt für das Kind: „Für die Beschäftigung mit Schrift bist du noch zu klein, außerdem fehlen dir im Kindergarten die hochqualifizierten Expertinnen, die dir diese komplizierte Kulturtechnik vermitteln könnten. Warte mal ab, bis du zu den Profis kommst – und spiele so lange oder trainiere als Vorbereitung Stifthaltung und Zuhören."

Diese Haltung zum Schreiben ist in unserem Bildungssystem so tief verankert, dass wir uns der Absurdität dahinter kaum bewusst werden. Dabei sagen Fachleute, dass der Erwerb der Schriftsprache viele Ähnlichkeiten mit dem Spracherwerb hat. Würde man Kleinkindern Sprechen so beibringen, wie man sie lange Zeit der Schrift begegnen ließ, sähe das ungefähr so aus: Den Eltern oder Krippenerzieherinnen würde man nahelegen, möglichst wenig mit dem Kleinkind zu reden und seine ersten Lautäußerungen zu ignorieren – damit sich das Kind nicht etwa angewöhnt, Wörter falsch auszusprechen.

Gut, dass sich die Haltung beim Thema Kindergarten und Schrift wandelt. Die Kommunikation mittels Buchstaben haben ganz normale Menschen wie jede andere Kulturform entwickelt, und schon deshalb ist es erlaubt und möglich, dass jedes Kind versuchen kann, sich diese Welt selbst zu erschließen. Die wichtigsten Voraussetzungen dafür bringen Kinder mit: Das wache Interesse für alle Dinge, die sie in ihrem Alltag umgeben – und da gehört Schrift überall dazu. Viele Kinder brauchen erstaunlich wenig Unterstützung von uns Großen, um ins Erforschen der Schrift zu kommen: Stellt man ihnen aus der Vielfalt der Zugänge zum Thema Schrift einige besonders spannende in Form von Spielangeboten bereit, sind sie mit Feuereifer dabei. Genau das ist das Anliegen dieses Buches mit Freispiel-Ideen zum Thema Schreibwerkstatt: Sie finden Ideen für die Auswahl und Zusammenstellung von Material, das Kinder zum Untersuchen von Schrift, Kommunikation und den Möglichkeiten des Erzählens anregt.

Zu Recht mögen manche befürchten, dass aus dem ehemaligen Tabu „Schrift im Kindergarten" in heutigen Zeiten des Förder-Wahns eine Pflicht zum Früh-Schriftspracherwerb werden könnte, bei der Kinder sich mit Buchstaben beschäftigen müssen, statt spielen zu dürfen. Das aber ist weder Ziel der hier vorgestellten Freispiel-Impulse, noch würde es wohl funktionieren: Pflicht-Angebote haben schon so manche Begeisterung für ein neues Lernthema vernichtet. Meine Erfahrung beim Austesten der hier vorgestellten Freispiel-Angebote dagegen ist: Alle wollen mitmachen, weil keiner muss.

Nach diesem Motto viel Spaß beim Ausprobieren!

Michael Fink

Momente für Schrift

Will man Kindern helfen, sich die Welt der Schrift zu erobern, ist es hilfreich, Alltagsmomente zu erkennen, in denen Schrift eine Rolle spielt, um sie vielleicht durch Material und Inspiration anzureichern. Große Schrift-Momente sind:

Wenn Kinder Bücher lesen und Geschichten erzählen

Jede Leseecke fördert den Schriftspracherwerb: Weil Kinder spüren, wie gut Bücher ihnen tun und sie erahnen, welchen Anteil die Schrift dabei hat. Um die Buch-Begeisterung zu fördern, braucht es uns als begeisterte Vorleser*innen, als Gesprächspartner über Buch und Autor*in, als Inspiration für eigene Buch-Projekte: Wollen wir aus den Geschichten, die wir uns erzählen, auch ein Buch machen?

Wenn Kinder Bilder malen und darüber sprechen

In der Malecke erproben sich Kinder zum ersten Mal darin, Gedanken auf Papier zu bringen, die von anderen betrachtet, kommentiert, vielleicht beantwortet werden. Schreiben ist genau wie Zeichnen ein Mittel, um Gedanken festzuhalten und kommunizierbar zu machen. Von Kindern Gemaltes und Gezeichnetes braucht Interesse: „Zeig mal, erzähl mal, was du gemalt hast!" Notiert man die Bilder-Geschichten auf der Rückseite des Bildes, ist der erste Schritt vom Zeichnen zu Schrift schon gegangen.

Wenn Kinder im Rollenspiel Schrift einbauen

Wie wäre es mit einem Material-Check im Rollenspiel-Bereich? Liegen ganz selbstverständlich neben der Polizeiuniform auch Block und Stift, um die Festnahme zu protokollieren? Gibt es zum Prinzessinnenoutfit auch eine feierlich gestaltete Schriftrolle für die Krönung? Wenn ja, dann bauen Kinder fast automatisch Lesen und Schreiben in ihre Spiele ein. Schließlich imitieren sie im Rollenspiel erwachsene Rollenvorbilder – und bei denen gehört Schrift überall dazu.

Wenn Kinder Symbole untersuchen

Symbole sind bedeutungsvoll für den Schriftspracherwerb, weil sie zwischen mündlicher Rede, Bild und Schrift stehen: Sie „sagen" etwas, ohne es genau zu zeigen wie ein Foto, sind aber bedeutend leichter zu erraten. Wenn Kinder sich bei der Schnitzeljagd anhand von gelegten Pfeilen orientieren, dechiffrieren sie Symbole im Spiel. Aber auch Tagesphasen, Speisen auf dem Essensplan können mithilfe von Symbolen dargestellt werden: „Wisst ihr, was das bedeutet?"

Wenn Kinder Erwachsene beim Schreiben beobachten

Jede unserer Textnachrichten, schnell in der Kita verschickt, weckt die Neugier der Kinder und bringt sie dazu, über Sinn und Wirkung von Schrift nachzudenken: „Wem schreibst du?" So erfahren Kinder, warum Schriftsprache für die zwischenmenschliche Kommunikation wichtig ist. Dass Schrift noch viele andere Funktionen haben kann, erleben sie, wenn Erwachsene Merkzettel, Nachrichten oder Poster beschreiben. Und so oft wie möglich verbalisieren, weshalb sie das tun: „So, ich schreib mir das kurz auf, damit ich es nicht vergesse ..."

Wenn Kinder verstehen, wem was gehört

Jedes Spielzeug mit Namen zu versehen, wäre eine zwiespältige Maßnahme im Kindergarten. Hilfreich aber ist: Beim Gespräch über konträre Bedürfnisse, beim Aushandeln von Regeln des Miteinanders immer an das schriftliche Festhalten denken: „Ich schreib das für alle auf, ich mach ein Symbol daneben, dann wissen wir, was wir vereinbart haben". So wird klar: Schrift hilft, um große Fragen zu regeln.

Buchstaben sammeln

Ein Blick durch jeden Raum oder durch die Stadt beweist: Überall sind Buchstaben. Jedes verpackte Lebensmittel zieren Buchstaben, über jedem Laden und auf jedem Straßenschild bilden A, B, C und Co. Wörter, und auch die geliebten Bilderbücher sind fast immer voller Schriftzeichen. Was für eine übervolle Schatztruhe für neugierige Schrift-Eroberer!

Grund genug, den Blick der Kinder auf diese Buchstaben zu lenken, ihre Farben, Formen und ihre Funktion: Was könnte denn da eigentlich stehen? Und warum stehen all diese Sachen dort, wer soll sie lesen?

Das Interesse für die Schrift wächst, wenn die Kinder erfahren, dass es nicht nur ein Schriftsystem, sondern viele gibt. Wenn die Kinder chinesischen Schriftzeigen, Runenschriften und Hieroglyphen, mit Feder gezeichneter und in Tontafeln gekratzter Schrift begegnen, kommt auch ihr Bedürfnis am Vergleichen und Kategorisieren dazu.

Die folgenden Freispiel-Impulse führen die Kinder quasi von der Tontafel mit Einritzungen bis zur Aufschrift auf der Lebensmittelpackung im Kühlschrank. Untersuchungsthema sind jeweils Buchstaben und Schriftzeichen – und die dahinterstehende Frage: Wer möchte wem damit was mitteilen?

Hieroglyphen in Tontafeln

• **Material:** Ton in Scheiben (ø ca. 15–20 cm, ca. 1 cm hoch), Stöckchen, Federn, evtl. spitze Feuersteine, Beispiele von ägyptischer Hieroglyphenschrift

Die Idee

Zu den ältesten Schriftstücken der Menschheit gehören Papyrusrollen und Tontafeln mit Hieroglyphen aus dem Alten Ägypten. Nicht nur deswegen sind sie faszinierend für Kinder, sondern auch, weil sie vergleichsweise leicht zu „erlesen“ sind, erkennt man doch klar Symbole für Wasser oder Tiere etc. Die Kinder erkunden die Hieroglyphen ganz stilecht durch Einritzen mit vorzeitlichem Werkzeug in Tontafeln.

Vorher ...

... aus der Wikipedia Beispiele für Hieroglyphenschrift ausdrucken, ebenso Abbildungen von Tontafeln mit eingeritzten Bildzeichen. Tonscheiben zurechtschneiden, damit sie beim Angebot nicht zu frisch und klebrig sind.

Los geht's

Besprechen Sie kurz mit den Kindern, was sie schon über das Alte Ägypten wissen. Führen Sie vor, wie man mit Feder, Stöckchen oder spitzem Feuerstein ganz authentisch ohne Stift Schrift im Ton hinterlassen kann – und Fehler durch Glattklopfen beseitigt.
Wie selbstverständlich zeichnen die Kinder dann die klaren Formen der Hieroglyphenschriften ab, etwa das Zeichen für Wasser, das aus einer Zickzacklinie besteht.
Spaß macht es, gemeinsam die mitgebrachten Beispiele oder die Werke der Kinder zu dechiffrieren, was sowohl Rätsel als auch Erzählanlass ist: „Ich glaub, da steht die Geschichte, wo ein Fisch nicht gefangen werden will, sondern plötzlich mit dem Fischer schimpft ...“

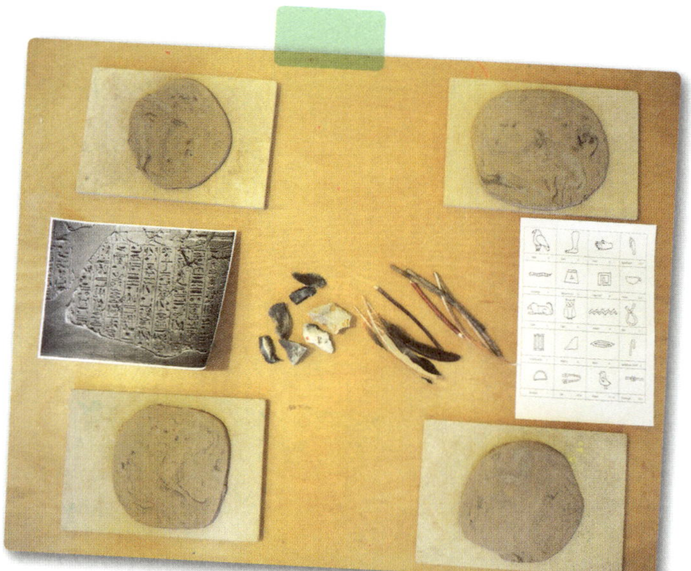

Großer Lernmoment

Wenn die Kinder die Hieroglyphen-Beispielseite aufmerksam betrachten und kopieren: „Also, bei mir steht schon was! Kriegst du raus, was ich geschrieben hab?“

Chinesische Bildzeichen

• **Material:** Kopien chinesischer Schriftzeichen, Butterbrotpapier auf Rolle, kurze Holzlatten, Tusche oder schwarze Fingerfarbe, flaches Gefäß, breite Haarpinsel

Die Idee

Die dynamischen Striche chinesischer Schriftzeichen können Kinder begeistern. Erst recht, weil manche von ihnen als Bildzeichen sogar erkennen lassen, was sie bedeuten! Bei diesem Freispiel-Angebot werden die Kinder eingeladen, die Schriftzeichen mit flüssiger Tusche und breitem Pinsel auf halbtransparentem Papier durchzupausen.

Vorher ...

... in der Wikipedia (Suchwort: Sechs Kategorien chinesischer Schriftzeichen) Abbildungen der chinesischen Bildzeichen für Sonne, Mutter, Pferd etc. heraussuchen und in Din-A4-Größe ausdrucken. Richten Sie einen würdigen Zeichentisch her, wo die Ausdrucke, Butterbrotpapier, Tusche in einem kippsicheren Schälchen und breite Haarpinsel bereitliegen. Zwei Hölzer hinzulegen, die die Kinder nutzen können, um die Butterbrotpapier-Bögen ober- und unterhalb der Kopie zu beschweren.

Los geht's

Sprechen Sie mit den Kindern über chinesische und andere Schriften. Erklären Sie, dass anders als die meisten Zeichen ihre Kopien eigentlich Bilder von Dingen sind. Erzählen Sie, welche dieser Piktogramme Sie ausgedruckt haben und lassen Sie die Kinder raten: Welches dieser Zeichen könnte für Sonne stehen, welches für Pferd?

Schnell verstanden ist die Durchpaus-Idee: Liegt das Butterbrotpapier über dem Ausdruck des Schriftzeichens, erkennt man dieses gut und kann es hervorragend mit Tusche nachmalen. Dabei ist Sorgfalt wichtig, um den Schwung der Zeichen gut zu imitieren und das Papier nicht zu verrutschen.

Großer Lernmoment

Wenn die Kinder die zunächst recht ähnlichen Zeichen plötzlich zuordnen können: „Soll ich dir sagen, welches Pferd ist? Das doch nicht, das ist Kuh – sieht jeder!“

Wertvolle Schriftstücke und Kohlepapier

• **Material:** Kohlepapier in verschiedenen Farben, Durchreibestifte oder ausgediente Kugelschreiber, wertvoll erscheinende Schriftstücke und Dokumente, Papier

Die Idee

Ein ganz besonderer Weg der Aneignung eines spannenden Schriftstückes ist es, dieses zu kopieren. Bei diesem Freispiel-Impuls liegt das traditionelle Vervielfältigungsmittel Kohlepapier bereit, mit dem Kinder Kopien von scheinbar wertvollen Schriftstücken anfertigen können. Das Kopieren schärft dabei den genauen Blick auf die Details der jeweiligen Schriftstücke.

Vorher ...

... Schriftstücke sammeln, die in den Augen der Kinder bedeutungsvoll oder wertvoll wirken können: Das können Fake-Geldscheine sein (oder auch ein echter!), uralte Buchseiten mit Schnörkelschrift, Lieblingsseiten aus Kinderbüchern, ganz hohe Zahlenwerte aus Werbeanzeigen, eine scheinbar originale Schatzkarte etc. Kohlepapier und Durchreibestifte gibt's als Set im Nähbedarf oder im Netz.

Los geht's

Führen Sie den Kindern das Kopieren mit Kohlepapier vor, als sei es ein Zaubertrick: Blatt auf den Tisch legen, Kohlepapier mit der farbkräftigeren Seite nach unten darauflegen, zu kopierendes Schriftstück drauflegen und all dessen Linien mit dem Durchreibestift oder einem kaputten Kugelschreiber unsichtbar nachspuren – und dann die perfekte Kopie unter dem Stapel hervorziehen! Dann legen die Kinder selbstständig los, kopieren – und werden kopierte Geldscheine und Dokumente vermutlich für Rollenspiele weiter verwenden.

Großer Lernmoment

Wenn Kinder über Echtheit von Kopien nachdenken:
„Dafür kann man sich aber nicht in echt was kaufen, oder? Wie macht man eigentlich echtes Geld?“

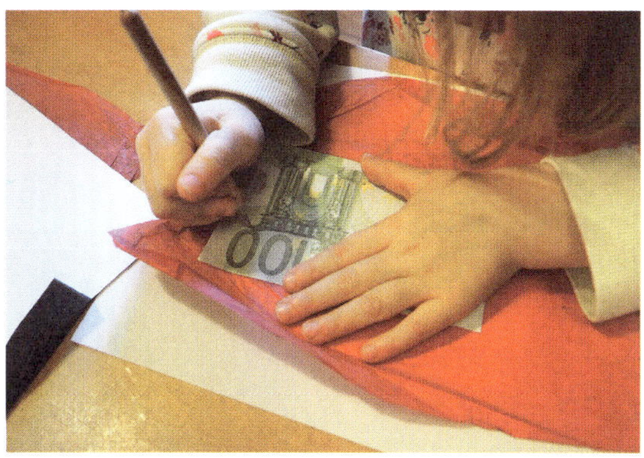

Buchstabensalat aus Beschriftungs-Wörtern

• **Material:** ausgeschnittene Aufschriften von Tetrapaks oder Pappkartons u. a. halbfesten Material, Schere (VB), Einwegteller aus Papier oder Reisstroh, Kleber

Die Idee

Schriften begegnen den Kindern überall – vor allem aber auf Verpackungen! Weil die Aufschriften oft formschön, bunt und noch dazu auf stabilem Material aufgedruckt sind, lohnt es, diesen Schatz zu bergen und weiter zu verarbeiten – etwa zu einem lehrreichen Buchstaben-Mahl. Lassen Sie die Kinder aus Schnibbelbuchstaben Buchstabensalat herstellen!

Vorher ...

... Beschriftungen auf Pappkartons und Tetrapaks, vor allem in Großbuchstaben, suchen. Wörter ausschneiden, einige in Einzelbuchstaben, andere in Silben oder Zweier- bzw. Dreierkombinationen zerschneiden. Gerade bei mehrfach vorhandenen Wörtern bietet sich das an: Ein „APFELSAFT"-Schriftzug wird zu „AP", „FE" „L" und „SAFT" zerlegt, der nächste zu „A", „PF", „ELSA", „F" und „T" etc. Achten Sie darauf, dass alle Buchstaben des ABCs mehrfach vertreten sind. Bieten Sie die Schnibbelbuchstaben in einem schönen Gefäß an – es muss Lust machen, darin wie in einer Schatzkiste zu wühlen.

Eckige oder runde Pappteller sind ein guter Untergrund, um die Buchstaben aufzukleben und gleichzeitig durch den Bezug zum Thema Essen Rollenspiele zu inspirieren. Klebstoff steht bereit, um die Buchstaben bei Bedarf fixieren zu können.

Los geht's

Lassen Sie die Kinder in der Kiste mit all den formschönen, bunten Schnibbelbuchstaben wühlen, um „Zutaten" für Buchstabenspeisen, aber auch feierlich gerahmte Namenszüge zu suchen. Lesen Sie ab und zu Buchstabenkombinationen vor, um das Interesse der Kinder für die Bedeutung der Wortteile zu wecken: „Guck mal, bei dir steht APF, APF!"

Großer Lernmoment

Wenn Kinder erahnen oder verstehen, dass aus Wortteilen wieder Wörter werden: „Ich hab ELSA, gelegt, aus E und L und S-A. Und jetzt kleb ich „APFEL“ dazu, dann heiße ich ELSA APFEL!“

Zweig-Schriftzeichen

- **Material:** flache Schale (Plastikwanne, Plastikschublade, Fotowanne), Sand vom Strand oder feiner Vogelsand, grober Kamm oder Harke oder Spachtel, Zweige, Gartenschere (VB)

Die Idee

Zwei Naturmaterialien mit sinnesanregenden Eigenschaften treffen bei diesem Freispiel-Impuls in einer flachen Wanne aufeinander: feiner Sand, der die Finger zum Spurenerzeugen einlädt, außerdem raue und zart duftende Zweig-Abschnitte. Wie von selbst entwickelt sich daraus ein Spiel, bei dem unbekannte Schriften entstehen: Erst zeichnet der Finger Linien vor, dann legen die Kinder Zweige hinein, um die Formen zu akzentuieren.

Vorher ...

... Sand sieben. Baumschnitt sammeln und Zweigstücke so abschneiden, dass etwa 5 bis 10 cm große V-, L-, F-, J- oder Y-Formen übrig bleiben.

Los geht's

Weil sich trockener, feiner Sand schön anfühlt, fangen viele Kinder von selbst an, darin Formen wie einfache Bildsymbole oder Lettern zu zeichnen. Ebenso verführen die unterschiedlichen Zweigstücke dazu, Formen zu legen. Eine Art Challenge könnte es sein, aus den Zweigstücken jeden Buchstaben zu legen: Aus zwei V-förmigen Gabelungen kann ein M, ein W oder ein K entstehen, mithilfe eines kurzen Zweigstückes auch ein A etc.

Die Sand-Stock-Wanne lädt zu meditativem Spüren und Spurenlegen ein. Spaß macht es auch, immer wieder Bilder verschwinden zu lassen, indem die Kinder quasi die Tafel abwischen, indem sie den Sand harken – und ihn so bereit machen für das nächste Sand-Zeichen.

Geschichten auf dem OH-Projektor

● **Material:** Overhead-Projektor, bunte Windradfolien oder Scheinwerferfolien, Schere (VB), transparente Plastiktüten mit Beschriftung, Legebuchstaben aus Holz, evtl. Kettenräder und andere Dinge mit schönem Schatten, große Papierbögen, Kreppklebeband, große Wachskreiden oder Filzstifte

Die Idee

Bunte Projektionen mit OH-Projektor laden zum Erzählen ein, wenn an der Wand durch Schattenwürfe und bunte Folien eine Art abstraktes Kino zu sehen ist. Kommen Buchstaben als Schatten- oder Durchleuchte-Material hinzu, entstehen schnell Licht-Theater-Geschichten zwischen Bild und Schrift.

Vorher ...

... aus der bunten Folie Buchstaben in etwa 5 cm Größe zurechtschneiden und einfache Grundformen wie Dreieck, Quadrat, Kreis, Oval etc. Aus transparenten Tüten und Verpackungen Schrift und prägnante Bildsymbole ausschneiden. Schützen Sie den OH-Projektor durch Auflegen einer stabilen Folie vor Beschädigung des Glases.
Legematerial zur Auswahl in sortierten Kästen breitlegen. Papierbögen als Projektionsfläche an die Wand hängen, daneben Stifte bereitlegen. Das Licht im Raum abdunkeln.

Los geht's

Zwei, drei Kinder umstehen den Projektor, um die dort bereitliegenden Materialien auf ihre Wirkung an der Projektionswand auszutesten. Dabei entstehen schnell Bilder aus den geometrischen Formen und den verschiedenen Buchstaben: Die Folien-Buchstaben erscheinen bunt an der Wand, die hölzernen Legebuchstaben als prägnanter Schatten, die Inschriften von Plastikfolien wie geheimnisvolle Botschaften ...
Bringen Sie die Kinder auf die Idee, die projizierten Bilder an der Papier-Wand durch Umranden und Ausmalen abzuzeichnen. Wenn zwei, drei Kinder Bilder am Projektionstisch legen und zwei, drei andere an der Papierwand abzeichnen, entsteht ein spannendes Wechselspiel aus projiziert und gezeichnet, aus echt und unecht, aus anfassbar und nur sichtbar.

Variante: Geben Sie Sand auf die Oberfläche des Projektionstisches und lassen Sie die Kinder mit dem Finger Buchstaben zeichnen – ein optisch beeindruckender Effekt!

Großer Lernmoment

Wenn aus dem Legen und Abzeichnen ein Spiel wird: „Jetzt mal ich das A ab, dann könnt ihr es beim Projektor wegmachen und später wieder genau an die Stelle schieben, wo wir es gemalt haben."

Sich mit Buchstaben befreunden

Zuerst wirken sie reichlich abstrakt, unsere Buchstaben: Wer zum ersten Mal A, K, R und Co. begegnet, dürfte unsere Lettern für kaum unterscheidbare Kombinationen von Strichen halten, ähnlich wie jemand, der zum ersten Mal arabische oder chinesische Schriftzeichen genauer ansieht. Kinder haben einen langen Weg vor sich, um beim Betrachten eines Wortes von der Erkenntnis: „Da steht Schrift" zu „Ich erkenne bestimmte Buchstaben" zu gelangen.

Wie bei jedem Kennenlernen hat auch bei der Begegnung mit der Schrift die emotionale Beziehung eine große Bedeutung. Das merkt man bei Buchstaben zum Beispiel daran, dass mit dem eigenen Anfangsbuchstaben oft ein geradezu heimatliches Gefühl verbunden ist: Ich mag mein M! Eine geradezu magische Bedeutung scheinen für Kindergartenkinder oft auch die Initialen der Freunde zu haben: F, das ist doch mein lieber Fridolin!

Man kann diesen Grundgedanken weiterspinnen: So richtig beherrscht man das ABC wohl erst dann, wenn man zu jedem Buchstaben ein Gefühl hat: hier das dunkle U, dort das kecke i oder das bissige K etc.

Immer wieder werden bei den folgenden Freispiel-Impulsen Buchstaben auf neue Art auf das Papier gebracht, manchmal auch an Boden und Wand. Obwohl vielleicht jedes Mal das gleiche A oder R im Mittelpunkt steht, sind es jedes Mal neue körperliche Erfahrungen und Handlungen, die dabei stattfinden. Genau das führt dazu, dass aus den abstrakten Kombinationen aus Strich und Halbkreis quasi vertraute Gefährten für das Leben werden.

Buchstaben über Wellpappe und Strukturtapete

• **Material:** Papier im DIN-A3-Format, Wachskreiden und Pastellkreiden, Wellpappe, Strukturtapeten, Lochblech, andere flache Materialien mit prägnanter Struktur

Die Idee

Bei diesem Freispiel-Impuls entstehen großformatige Buchstaben durch kräftiges Reiben mit Wachskreiden, normal oder auch quer aufgesetzt. Der Clou: Weil unter dem Zeichenblatt Wellpappe, ein Stück Strukturtapete oder vielleicht auch ein Lochblech liegt, bekommen die Buchstaben plötzlich ein sehr attraktives Muster.

Vorher ...

... durchsuchen Sie Papierregal, Werkstatt, Stoffregal, alte Tapetenmusterbücher oder die Küchenecke im Non-Food-Discounter nach flachen Materialien mit einer interessanten Struktur.

Los geht's

Legt man das strukturierte Material unter sein Blatt und zeichnet nun mit großer Geste Buchstaben darauf, drückt sich ein Muster durch – und wechselt man den Untergrund, gibt's einen tollen Muster-Mix. Das führen Sie vor, dann probieren die Kinder das Muster-Mix-Spiel.

Großer Lernmoment

Wenn die Kinder die durchgepausten Strukturen interpretieren und mit sich selbst in Beziehung setzen: „Oh, jetzt sieht mein W aus wie ein Krokodil, es hat Kroko-Haut!“

Buchstabenschablonen

• **Material:** Buchstabenschablonen, weiche Stempel-Pinsel, Fingerfarbe, flache Schälchen, Papier oder bedruckbare Dinge

Die Idee

Viele Beschriftungen werden mit Schablonen angefertigt. Mit gekauften Schablonen lassen sich hervorragend Buchstaben mithilfe von Stempel-Pinseln drucken, um entweder Bilder herzustellen oder „Besitz“ zu markieren.

Vorher ...

... Stempelschablonen sind unter diesem Stichwort im Netz zu finden und zu bestellen. Geben Sie nicht allzu viel Farbe in je ein flaches Schälchen.

Los geht's

Die Kinder brauchen wenig Hilfe, um Bilder mit den Stempeln zu erzeugen: Papier auslegen, Schablone drauflegen, Stempel in Farbe drücken, Stempel auf Schablone drücken, Schablone wegnehmen und sich über saubere Buchstaben freuen.

Überlegen Sie mit den Kindern, welche Dinge es wert wären, mit Buchstaben beschriftet zu werden: persönlicher Besitz mit dem Namen? Das Regal mit Hinweisen, was drin ist? Sollte man sich gegenseitig eine „Visitenkarte“ stempeln?

Großer Lernmoment

Wenn die Kinder überlegen, sich mit den Buchstaben selbst zu bestempeln, um durch den Aufdruck vielleicht sogar die Identität zu tauschen: „Ich stemple jetzt YARA auf deinen Arm, und dann bist du ich!“

Holzbuchstaben unter Papier

• **Material:** Holzbuchstaben, Papier, Doppelklebeband, Klemmbrett, Wachskreiden oder Buntstifte, evtl. Druckfarbe, Walze, weiteres Papier

Die Idee

Holzbuchstaben lassen sich erfühlen. Oder man legt sie unter ein Papier und reibt sie wie bei diesem Freispiel-Impuls mit der Frottage-Technik ab. Dabei kommt man ihrer Form auf spannende Weise auf die Spur.

Vorher ...

... ein Klemmbrett und kurze Stücke Doppelklebeband in der Größe der Buchstaben bereitlegen. Wichtig ist nämlich, dass dadurch die Buchstaben sowie das Papier beim kraftvollen Durchreiben nicht verrutschen! Spaß macht es, wenn ein Musterwort auf das Klemmbrett geklebt ist, das einige der Kinder schon erlesen können.

Los geht's

Führen Sie die mit einem Blatt verdeckte Schrift vor, lassen Sie die Kinder die Buchstaben „blind" erfühlen: Welche Buchstaben fühlt ihr, welches Wort kann das sein, etwa ein Name von uns? Um zu überprüfen, was dort steht, kann nun ein Kind mit Wachsmaler über die Schrift auf dem Papier herumreiben, um damit die Schrift zum Vorschein zu bringen.
Nun sind die Kinder dran, lassen sich Wörter notieren, um sie auf das Klemmbrett zu kleben und durch Abfrottieren lesbar zu machen.
Lust auf eine Weiterführung als Druckangebot? Dafür bleiben die Buchstaben auf dem Klemmbrett kleben. Mit einer Walze Druckfarbe auftragen und ein Blatt Papier auflegen. Das Blatt abnehmen und den schönen Druck betrachten: Überraschung! Nun ist die Schrift plötzlich andersherum.

Großer Lernmoment

Wenn die Kinder über das ähnliche Gefühl beim Buchstaben-Erfühlen oder Frottieren nachdenken: „P macht erst so ein rundes Gefühl, wie O. Aber K ist richtig eckig!“

Mein Name mit Dingen

• **Material:** große bunte Papierbögen, Namen der Kinder in Großbuchstaben aufgeschrieben, evtl. Fotoapparat

Die Idee

Den eigenen Namen mit Dingen legen – das ist die Idee bei diesem Freispiel-Impuls. Es macht Spaß, den Raum nach Gegenständen zu durchsuchen, die entweder die Form von Buchstaben haben oder aus denen Buchstaben zusammengesetzt werden können. Bunte Papierbögen laden ein, den eigenen Namen oder bedeutungsvolle Worte auf dem Boden auszulegen.

Vorher ...

... bunte Tonpapiere als optisch einladenden Untergrund für die aus den Buchstaben gelegten Wörter auslegen – für lange Namen und Wörter auch mehrere hintereinander. Zur Inspiration ein simples Wort (Ihren Namen, „KITA" etc.) auslegen. Dabei ist es gut, wenn Sie dabei komplett aus einem Ding bestehende Buchstaben und aus mehreren Teilen zusammengesetzte Buchstaben verwenden, um beide Prinzipien zu zeigen.

Los geht's

Die Idee ist schnell verstanden: Um die Buchstaben des eigenen Namens zu legen, muss man passende Gegenstände finden oder flexible Dinge so auslegen, dass sie die Form der Buchstaben einnehmen.
Schöne Ergebnisse fotografieren und die Bilder später ausdrucken.

Variante: Laden Sie die Kinder ein, Buchstaben mit dem eigenen Körper im Liegen darzustellen. Wer legt ein R, wer biegt sich zum C? Alle gemeinsam legen einen oder alle Namen der Kinder. Von einem hohen Punkt aus fotografieren Sie das Ergebnis.

Großer Lernmoment

Wenn die Kinder den Raum mit genauem Blick abscannen, um plötzlich überall Buchstaben zu finden: „Schau mal, Hamin, dein H ist da in dem Stuhl drin, an den Beinen!“

Riesenbuchstaben-Domino

• **Material:** rechteckige Bausteine oder Plättchen ungefähr gleicher Größe, Kreide oder Krepp-klebeband

Die Idee

Langsam kippt das riesige K um: Bei diesem Freispielimpuls stellen die Kinder auf dem Boden entlang vorgezeichneter Lettern Dominoreihen auf, um sie effektvoll zum Umkippen zu bringen. Je größer die Buchstaben, umso spannender ist der Umkipp-Effekt – und umso intensiver erfahren die Kinder die Form des Buchstabens.

Vorher ...

... geeignetes Domino-Material in Kisten sammeln, von Kaplasteinen über Tischlereiabfälle bis zu Parkettresten. Zeichnen oder kleben Sie eventuell bereits Buchstaben auf dem Boden auf.

Los geht's

Mit den Kindern oder für sie auf dem Boden mit Kreide Buchstaben aufschreiben oder mit Klebeband aufkleben, gerne mindestens eineinhalb bis zwei Meter groß.

Jetzt können die Kinder entlang dieser Linien Plättchen aufstellen, immer so nah aneinander, dass ein umkippender Stein den nächsten anschlägt. Bei den Ecken der Buchstaben darauf achten, die Plättchen in engen Kurven aufzustellen.

Fällt alles schon beim Aufstellen immer wieder um? Ein guter Trick ist es, immer nur Zehnergruppen aufzustellen und eine Lücke von zwei Steinen bis zur Fortsetzung zu lassen und erst ganz am Schluss die Reihen zu schließen.

Spannend ist beim Umkippen die Frage, von wo aus man die Platten antippt: Bei Ein-Linien-Buchstaben wie S, N und L fängt man natürlich an einem der Enden an. Aber wie lässt man K oder X umkippen? Braucht man dafür mehrere Kinder, die gleichzeitig einen Stein umkippen, bis sich alles in der Mitte trifft?

Großer Lernmoment

Wenn die Kinder beim Beschaffen von weiteren Steinen bemerken, wie kompliziert sich manche Buchstabenformen anfühlen: „Bei deinem K muss man entweder um die Striche rumlaufen, Kilian, oder ganz vorsichtig drüberspringen!“

Feuchte Schrift im Murmelkasten

• **Material:** flacher Plastikkasten oder Karton, Papier, Pinsel, Farbe, viele Murmeln, runde Naturmaterialien, evtl. Spielzeugautos oder Räder

Die Idee

Ziemlich dynamisch lädt dieses Freispiel-Arrangement Kinder ein, sich mit der Form der Buchstaben auseinanderzusetzen: Sie können mit dem Pinsel auf ein Blatt gemalt werden, das in einen Kasten gelegt wird, um es durch Schütteln und Wackeln mit Murmeln zu überrollen und die Form in ein ansehnliches Kunstwerk zu verwandeln.

Vorher ...

... Dinge sammeln, die gut rollen.

Los geht's

Stellen Sie den Ablauf des Angebots wie eine Spielanleitung vor: Erst malt man seinen Lieblingsbuchstaben mit viel Farbe auf ein Blatt, legt das Blatt dann in den Kasten und spritzt vielleicht noch etwas Farbe eines anderen Farbtons an den Rand dazu. Dann kommen reichlich Murmeln, Eicheln, Tannenzapfen oder gar ein Spielzeugauto hinzu, bevor der Kasten wild hin und her geschüttelt wird, bis aus dem ordentlichen Buchstaben ein fast abstraktes Kunstwerk geworden ist. Fertig? Dann ist der nächste Buchstaben-Schüttler dran!

Großer Lernmoment

Wenn viele „gerüttelte“ Buchstaben dazu einladen, Wörter zu legen: „Kann man damit was schreiben, zum Beispiel ICH HAB SCHON HUNGER?“

Buchstabensteine auf Speiche und Draht

• **Material:** Dekobuchstaben zum Fädeln (vom Non-Food-Discounter), Perlen aller Art, ausgebaute Fahrradspeichen oder fester Draht

Die Idee

Ein schier unerschöpflicher Schreibanlass ist der eigene Name. Bei diesem Angebot entsteht er quasi als Schmuckstück, wenn die Kinder hübsche Buchstabenperlen auf Draht oder eine Fahrradspeiche auffädeln.

Vorher ...

... Fahrradspeichen gibt's gratis als Restmaterial im Fahrradladen – einfach mal nachfragen. Die Speichen mit Küchenkrepp, etwas Aceton oder Handdesinfektionsmittel reinigen. Die Buchstabenperlen unsortiert in flache Schälchen füllen. Gestalten Sie eine Beispiel-Speiche mit eigenem Namen oder dem Gruppennamen.

So geht's

Inspiriert von Ihrem Beispiel-Buchstabenstab legen die Kinder los, suchen die von ihnen benötigten Buchstaben aus dem Perlenschälchen aus und stecken sie auf eine Speiche. Bunte Glitzerperlen machen daraus Schmuckstücke. Sowohl das Suchen der Buchstaben als auch das Auffädeln fordert die Kinder nicht nur motorisch, sondern auch intellektuell: Es ist gar nicht einfach, in der Perlenschale bestimmte Buchstaben nur anhand kleiner Unterschiede zu finden, etwa ein R zwischen Ps und Bs. Und weil man die Speiche nur von einer Seite mit Perlen bestecken kann, müssen sie die Schreibrichtung einhalten – und für vergessene Buchstaben alles wieder ausfädeln.

Großer Lernmoment

Wenn Kinder einfach frei Schnauze Buchstaben auffädeln und sich erstaunt ihre Worte vorlesen lassen: „Ich hab KLRFOTIGGUY geschrieben, was heißt das, ist das etwa ein Quatsch-Wort?“

Schrift und Farbpulver

• **Material:** leerer Deoroller, Klebstoff, Farbsand (selbst hergestellt oder fertig gekauft), evtl. „bunte“ Gewürze, handliche Wanne oder Pappkarton

Die Idee

Einen leeren Deoroller kann man in einen flotten Klebestift verwandeln, um damit schwungvolle Zeichen auf dem Papier zu hinterlassen. Dass diese zunächst unsichtbar sind, lässt sich ändern, indem man Farbpulver darüberkippt. Diesen Effekt lieben die Kinder – und vollziehen gleichzeitig beim Auftragen des Klebers sonst eher unbeliebte Schwung-Übungen!

Vorher …

… einen leeren Glas-Deoroller öffnen: Dazu einen Schraubenzieher zwischen oberen Glasrand und Plastikaufsatz stecken und den Plastikaufsatz anheben. Flüssigkleber einfüllen. Papier bereitlegen. Wenn Sie keinen Farbsand vorrätig haben, funktionieren auch Paprika und Kurkuma aus dem Gewürzstreuer. Oder einfach Farbsand selbst herstellen: Fingerfarbe mit Sand mischen, das Gemisch auf einem Backblech ausbreiten und eine Stunde bei 80 Grad trocknen lassen, anschließend zu buntem Sand zermörsern.

Los geht's

Vermitteln Sie den Kindern die simple „Gebrauchsanweisung“: Papier auslegen, mit dem Deoroller schwungvoll großformatige Buchstaben aufzeichnen. Das Papier in Wanne oder Karton legen, etwas Farbsand/Gewürze drüberstreuen. Mit dem Behälter so lange wackeln, bis die Farbe an der gesamten Klebespur haftet, fertig.

Großer Lernmoment

Wenn die Kinder schwungvolle runde Buchstaben spuren: „Ich mag so sehr das S… der kriecht wie eine Schlange, der Strich!“

Drucken und Bücher machen

Kinderbücher haben eine besondere Stellung in Bezug auf den Schriftspracherwerb. Mit jedem Vorlesebuch verstehen Kinder, wie viel Vergnügen uns Schrift bereiten kann, denn die damit transportierten Texte können uns amüsieren, in Aufregung versetzen und wieder beruhigen.

Klar, dass deswegen das Büchermachen unbedingt zu einer Schreibwerkstatt gehört. Wer selbst Geschichten verfasst, Bilder malt und druckt und alles in Büchern versammelt, wird vom Mediennutzer zum Medienmacher. Und jede Büchermacherin erlebt, dass ihre Gedanken, Bilder, Witze genauso aufmerksam betrachtet werden, wie es mit den gekauften Büchern passiert.

Bei den folgenden Freispiel-Impulsen finden sich unterschiedliche Wege zur „Literaturproduktion“: Manchmal sind es ungewöhnliche Formate, die zum Geschichtenerfinden anregen sollen, dann wieder die Vermittlung von Drucktechniken. Allen gemeinsam ist der Gedanke: Wir produzieren etwas, das andere interessieren oder begeistern könnte.

Kassenrollengeschichten

• **Material:** weiße Kassenrolle aus normalem Papier, hellblaue Kassenrolle aus Öko-Thermopapier, Vogelfedern, Cutter (VB), weiche Holzstöcke, Tusche, evtl. lange Schraube, leere Stifte, dünne Papprolle oder dicker Strohhalm, Klebeband

Die Idee

Ein merkwürdiges Stück Papier ist so eine Kassenrolle: nur 6 cm breit, aber bis zu 2200 cm lang, also 22 Meter! Das ist wunderbar viel Länge für lange Schriftstücke oder (fast) endlos weiterlaufende Bildergeschichten. Und modernes Öko-Thermopapier wartet zusätzlich mit einer einzigartigen Eigenschaft auf: Man kann darauf ohne Stift zeichnen.

Vorher ...

... präparieren Sie die Kassenrollen, um sie beim Abrollen etwas handlicher zu machen: Dafür etwas Papier abrollen und an dieses Ende eine dünne Papprolle, einen weichen Stab oder einen dicken Strohhalm kleben. Durch die vorhandene Rolle ebenfalls einen Stab oder Strohhalm stecken. Jetzt kann man die Rolle beim Lesen und Beschreiben wie eine mittelalterliche Schriftrolle oder eine Tora-Rolle von einem Stab zum anderen drehen. Das ist praktisch und stellt einen hohen Anreiz für die Kinder dar!

Tusche oder dünne, kräftige Farbe in einem kippsicheren Gefäß bereitstellen (notfalls mit Doppelklebeband am Untergrund festkleben!). Mit einem Cutter Vogelfedern anspitzen, indem Sie diese schräg abschneiden. Jetzt lassen sie sich gut in die Tusche eintunken, um damit nach alter Art zu schreiben. Angespitzte, möglichst weiche Hölzchen eignen sich ebenso gut.

Das blaue-Öko-Thermopapier bietet sich für alle an, die Angst vor dem Umkippen der Tusche haben – und für Fans von Zauber-Effekten: Auf dem Papier kann man nämlich auch mit Feder ohne Tusche wunderbare Schwünge hinterlassen, denn das Papier reagiert auf Kratzen aller Art mit deutlichen schwarzen Linien. Selbst Fingerabdrücke kann man mit kräftigem Fingerdruck hinterlassen. Besonders schön sieht es aus, wenn man konturierte Gegenstände unter das Rollenpapier legt und sie von oben mit dem Fingernagel durchreibt. Für Schrift-Interessierte bieten sich hier Schablonen genauso wie Holzbuchstaben an.

Los geht's

Laden Sie die Kinder ein, mit der Feder auf der weißen Rolle Bilderserien zu malen oder Buchstaben zu schreiben, die sie dann bedeutungsvoll vortragen können! Führen Sie vor, wie man auch ohne Tusche auf der blauen Öko-Kassenrolle zeichnen kann – als wäre es ein guter Zaubertrick!

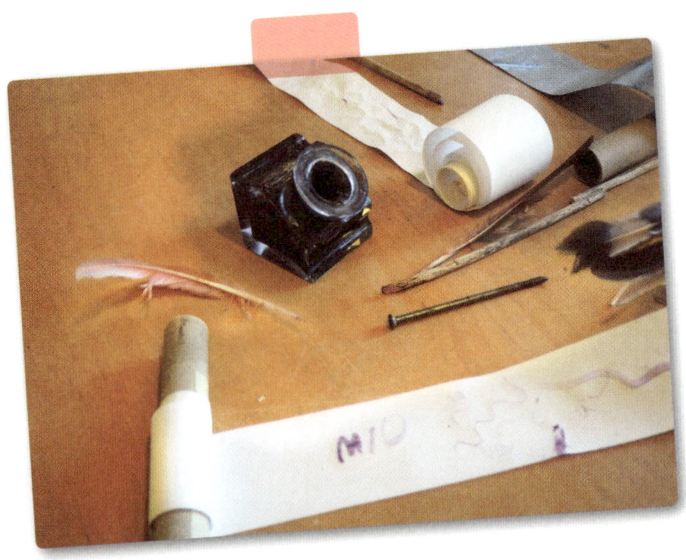

Großer Lernmoment

Wenn die Kinder ihre Papierstreifen bedeutungsvoll aufrollen, um die darin enthaltene Geschichte zu präsentieren: „Soll ich dir die längste Geschichte der Welt vorlesen?“

Eine Buchwerkstatt

• **Material:** Pappe, (buntes) Papier, Bürolocher für größere Stapel, Pfeifenputzer, Schere (VB), Stifte, evtl. Musterbeutelklammern

Die Idee

Wer selbst ein Buch herstellt, muss es natürlich auch mit einer guten Geschichte füllen. Bei diesem Freispiel-Impuls stellen die Kinder auf die denkbar einfachste Form ein Mini-Buch her, um es dann mit gezeichneten oder auch geschriebenen Geschichten zu füllen.

Vorher ...

... Papier und dünne Pappe zurechtschneiden, etwa 10 cm x 12–15 cm. Stellen Sie ein Muster-Buch her, an dem die Kinder ohne große Worte die Machart verstehen können.

Los geht's

„Babyeinfach" ist die Herstellung dieses Buchs: Die Kinder sammeln sich aus Ihren vorgeschnittenen Blättern schöne Papiere und festere Pappen als Cover heraus, stapeln alles ordentlich und führen den Stapel nun in einen kräftigen Bürolocher ein – zack! Durch die beiden Löcher lässt sich nun ein farblich passender Pfeifenputzer im Kreis ziehen, der auch ohne Knoten-Kenntnisse die Seiten fest miteinander verbindet. Alternativ stehen Musterbeutelklammern zur Auswahl. Gut ist es, das eigene Buch gleich mit dem eigenen Namen zu versehen.
Verschönern geht immer: Liegen zusätzlich Geschenkpapier, Schere und Klebestift bereit, können die Kinder ihre Cover mit schönen Mustern kaschieren. Hübsche Etiketten könnten aufgeklebt werden, um darauf den eigenen Namen zu schreiben.

Großer Lernmoment

Wenn die Kinder überlegen, dass ihr eigenes Buch einen bedeutungsvollen Titel braucht: „Schreib mir mal auf: MEINE GESCHICHTEN VON SARA“

Bücher aus Baum-Blättern

• Material: Blätter verschiedener Baumarten, Scheren, Kreppklebeband, schwarze Eddings, weiße und pastellfarbene Kreidemarker

Die Idee

Bücher bestehen aus Blättern, und Blätter wachsen an Bäumen. Aber nicht nur wegen der doppelten Bedeutung des Wortes Blatt entstehen bei diesem Freispielangebot Bücher aus Baumblättern: Durch die einzigartige Form, Struktur und Farbe der Baum-Blätter laden die entstehenden Bücher zum Erzählen ganz besonderer Geschichten ein.

Vorher …

… mit und ohne Kinder möglichst große und feste Baumblätter sammeln. Die Blätter einen oder mehrere Tage zwischen Zeitungsseiten, bedeckt von einer Holzplatte als Beschwerung, plätten und trocknen. Stellen Sie eventuell ein Muster-Buch aus den Blättern her, bei dem schon eine Zeichnung zu sehen ist.

Los geht's

Lassen Sie die Kinder die gesammelten Blätter sortieren – unterschiedliche Blattarten lassen sich schlechter als gleiche verbinden. Um die Blätter als Buchseiten zu verwenden, schneiden die Kinder eine Seite des Blattes gerade ab – am besten geht es mit der Seite mit dem Stiel. Jetzt legen die Kinder zwei abgeschnittene Seiten aneinander und kleben sie mit einem Streifen Kreppklebeband zusammen. Fertig ist ein zweiseitiges Buch, dem auf gleiche Weise weitere Blätter hinzugefügt werden können.

Nun kann das Blatt-Buch mit Bild und eventuell Text gefüllt werden: Dafür können die Kinder mit schwarzen dicken Filzstiften Figuren aufmalen und mit den grellen Kreidestiften ausmalen – sieht eindrucksvoll aus! Klar, unbegrenzt haltbar sind die sensiblen Blatt-Bücher nicht, aber dafür verströmen sie beim Durchblättern einen sinnlichen Natur-Duft!

Großer Lernmoment

Wenn die Kinder beim Herstellen über die Erfindung des Buches nachdenken: „War das Buch früher immer aus Baumblättern? Und heißt es Buch, weil es doch den Baum gibt, der Buche heißt?“

Buchstabenstempelbilder

• **Material:** Riesenstempel, bunte Stempelkissen in 5 Farben, große Papierbögen, evtl. Filzstifte, Inspirationsbild

Die Idee

Riesenstempel sind toll, um damit große Inschriften zu stempeln. Bei diesem Freispiel-Impuls entstehen jedoch keine sinnvollen Wörter daraus. Stattdessen sind die gestempelten Buchstaben Baumaterial für Figuren und Bildgeschichten.

Vorher ...

... fertigen Sie ein inspirierendes Bild an, vielleicht mit einem Fahrrad mit Rädern aus Os und Stangen aus V, T und I – oder ein Männchen mit Ü-Gesicht, Y-Armen, L-Beinen und O-Bauch. Legen Sie bunte Stempelkissen, Papier und Stempel bereit, zusätzlich Filzstifte zum Ergänzen.

Los geht's

Die Kinder beginnen, angeregt durch das Inspirationsbild, die Buchstabenstempel als schnellen Weg zu Bildfiguren zu nutzen. Dabei suchen sie entweder Buchstaben aus, um bestimmte Formen zu erzielen: „Womit mache ich die Beine, mit dem J?" Oder sie lassen sich von der Buchstabenform inspirieren: „Was könnte das K sein, etwa das Maul eines wütenden Hundes?"
Weil das Ganze schnell geht, können in kurzer Zeit ganze Comic-Geschichten entstehen, bei denen eine schnell gestempelte Figur immer neue Situationen erlebt.

Großer Lernmoment

Wenn die Kinder die Form der Buchstaben mit damit geschriebenen Wörtern verbinden: „Joshua, brauchst du etwa einen Spazierstock, weil du mit dem J anfängst?“

Dämmplattendruck

• **Material:** (hellblaue) Styrodur-Dämmplatten und/oder Moosgummi, (defekte) Kugelschreiber, Druckfarbe, Druckwalze, Papier, Plastikunterlage, evtl. Stanzbuchstaben

Die Idee

Bei dieser simplen Drucktechnik entstehen vor allem Bilder – und nur am Rande Schriftstücke, indem die Kinder in die weichen Oberflächen von Dämmplatten und Moosgummi Bilder ritzen, diese Druckstöcke einfärben und abdrucken. Aber wie bei jeder Drucktechnik erleben sie dabei das Grundprinzip von Schrift: Ich halte einen Gedanken per Bild oder Schrift fest und sorge dafür, dass ihn Viele sehen können – in diesem Fall durch vielfaches Abdrucken.

Vorher ...

...beschaffen Sie, falls Sie mit den wunderbar in der Hand liegenden Dämmplatten drucken wollen, dieses Material entweder im Baumarkt oder fragen Sie an Baustellen nach Resten. Mit einem Cutter lassen sich die dicken Platten in handliche Blöcke zerlegen. Zerschneiden bietet sich auch bei den Moosgummistücken an.

Richten Sie einen Platz zum Auswalzen der Druckfarbe ein, indem Sie eine Plastikunterlage (z. B. altes Tischset) auslegen, einen Spritzer Druckfarbe daraufgeben und diese mit einer Druckwalze flächig ausrollen. Planen Sie neben der Druck-Station viel Platz für das Ablegen fertiger Drucke ein.

Los geht's

Zeigen Sie den Kindern den Ablauf beim Drucken: Erst ritzt man mit Kugelschreiber eine Zeichnung in die weiche Oberfläche des Druckstocks, also Dämmplatte oder Moosgummi. Dann walzt man mit der Druckwalze auf einer Plastikunterlage Druckfarbe aus, bis die Walze damit gleichmäßig bedeckt ist, um nun mit dieser über die Zeichnung auf dem Druckstock zu rollen und diese dünn einzufärben. Nun legt man über den eingefärbten Druckstock ein Blatt Papier, streicht oder reibt sanft mit der Hand darüber, zieht das Blatt ab – und wird, wenn alles geklappt hat, mit einer Zeichnung aus hellen Linien und buntem Hintergrund belohnt. Ist die Zeichnung nicht zu erkennen, wiederholt man das Ganze mit weniger Farbe.

Stanzbuchstaben aus dem Hobbymarkt kann man verwenden, indem man sie kräftig in Moosgummi oder Dämmplatte drückt, wodurch sich ihre Form in diesen Untergrund einprägt und drucken lässt.

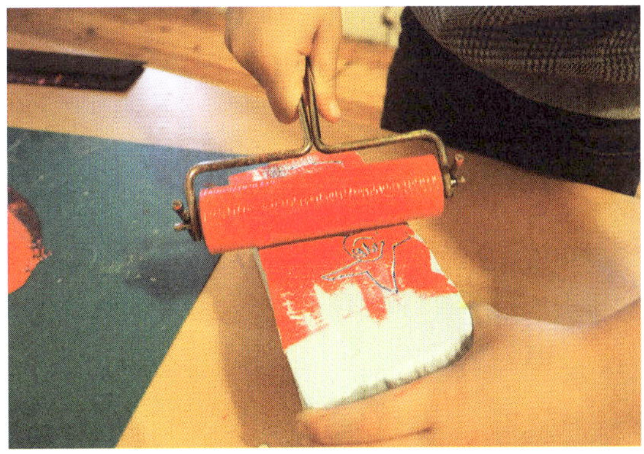

Großer Lernmoment

Wenn die Kinder verstehen, dass man mit einem Druckstock unzählige Abzüge herstellen kann: „Jetzt hab ich ein Bild für Mama, eins für Papa, und dann noch mal für Opa …“

Papiermacherwerkstatt

● **Material:** Eierkartons, Toilettenpapier oder andere leicht aufzulösenden Formen von Papier, Papierschöpfsieb oder Pfannen-Spritzschutz oder Siebe für Spritztechnik, Wasser, in der Größe passende Wanne, saugfähige Küchentücher (nicht aus Zellulose), Fingerfarbe, evtl. Pflanzenteile, evtl. Bügeleisen, evtl. Mixer, Holzkochlöffel

Die Idee

Ohne Papier hätte sich unsere Schriftkultur wohl kaum entwickelt. Schon von daher gehört es zur Schreibwerkstatt, selbst Papier herzustellen. Abgesehen davon ist selbst hergestelltes Papier der beste Anlass, es zu beschreiben und zu bemalen, um es „Lesern" weiterzugeben. Stellen Sie für die Kinder eine simple Papier-Werkstatt zusammen!

Vorher ...

... Eierkartons sammeln oder kaufen, die Papierwerkstatt einrichten: Füllen Sie die Wannen mit warmem Wasser, legen Sie Eierpappen und Klopapier bereits ein. Legen Sie ebenso saugende Tücher auf dem Tisch aus, daneben das Bügeleisen. Auf einem Bügeltisch kann ein saugfähiges Handtuch bereitliegen

Los geht's:

Lassen Sie die Kinder die bereits eingeweichten Eierkartons und das Toilettenpapier mit der Hand in etwa 1–2 cm große Stücke zerbröseln. Je länger der Papierbrei steht, desto besser löst sich das Papier auf. Durch fleißiges Rühren mit dem Kochlöffel, evtl. auch Mixen mit dem Mixer, löst sich das Papier weiter auf. Ist eine feine Masse voll schwebender Papierteile entstanden, kann diese Pampe mit dem Löffel umgerührt werden. Nun können die Kinder ein Sieb unten auf den Boden der Wanne schieben und langsam nach oben ziehen, wodurch sich der Papierbrei als Schicht auf der Sieboberfläche sammelt – das zukünftige Blatt Papier. Vorsichtig drehen die Kinder das Sieb um und legen es auf einem breitgelegten saugfähigen Lappen ab. Nun drücken sie mit einem Schwamm vorsichtig auf das Sieb und saugen damit das reichliche Wasser aus dem Papier heraus – immer schön auspressen! Nun gilt es, das Sieb vorsichtig anzuheben und eventuell mit Fingerdruck das Blatt abzulösen. Ein Tuch wird glatt darübergelegt und mit dem Nudelholz langsam, aber kräftig gewalzt. So kann man es jetzt mit dem darunterliegenden Tuch im Stapeltrockner oder an der Wäscheleine trocknen lassen. Schneller trocknet das Papier und wird noch dazu glatter, wenn die Kinder das Blatt auf einem bereitgelegten Handtuch auslegen, ein dünnes Tuch darauflegen und es mit dem Bügeleisen platt und trocken bügeln.

Hat man Papiermachen „drauf", machen Sondereffekte Spaß: Durch Hinzugabe von Fingerfarbe in den Eierkartonbrei entsteht buntes Papier, und wenn man kleine Blümchen beim Schöpfen auf das Sieb legt, werden diese scheinbar ins Papier eingewoben.

Großer Lernmoment

Wenn die Kinder begreifen, dass der Brei auf dem Sieb sich plötzlich zu verbinden scheint: „Zauber, Zauber, plötzlich ist da Papier!“

Kommunikation erforschen

Warum muss man Schreiben lernen? Das klagen manchmal sich vorm Schuleintritt ängstigende Kitakinder oder überforderte Erstklässler. Subjektiv ist die Frage berechtigt: Die ersten sechs Lebensjahre ist das Kind sehr gut ohne Schrift ausgekommen. Warum jetzt Buchstaben verwenden für Dinge, die man bisher durch Sprechen erfolgreich losgeworden ist?

Ein wichtiger Baustein für den Schriftspracherwerb ist es deshalb, Kinder erleben und erspielen zu lassen, welchen Mehrwert Schrift bietet. Welche zusätzlichen Möglichkeiten habe ich, wenn ich Wünsche und Gedanken nicht nur verbal, sondern auch über indirekte Kommunikationsformen, also über das Versenden von Mitteilungen, übermitteln kann? Welchen Mehrwert bietet mir das, welcher Spaß entginge mir sonst?

Auf den folgenden Seiten finden sich Freispiel-Impulse, bei denen die Kinder indirekte Kommunikation erproben. Es sind höchst unterschiedliche Ideen: vom Bau einer Rohrpost über das Verfassen von Wunschzetteln bis zu Geheimschrift. Allen gemeinsam ist: Immer halten die Kinder Bilder oder (abgeschriebene) Worte auf Papier fest, um sie jemand anderen „lesen" zu lassen. Immer entsteht eine Spannung darauf, wie der andere das findet, was ihm zugesendet wurde – und vielleicht Vorfreude, eine Antwort zu bekommen.

Die Seilbahn-Post

• **Material:** Schnur, 2 Lackierrollen mit Griff, Heizkörperisolierung oder Schwimmnudel, große Streichholzschachteln oder Taschentuchboxen, kleine Papiere, Stift, Klebeband, evtl. Glocke oder Rassel

Die Idee

Egal ob per Messenger oder Postbote: Einen Brief zu bekommen erfreut Kinder heute genau wie früher. Bei diesem Freispiel-Angebot versenden die Kinder Briefe mit einer improvisierten Seilbahn, an der „Briefkästen“ hängen.

Vorher ...

... stellen Sie – mit oder ohne Kinder – die Seilbahn her. Dafür an zwei Punkten im Raum die beiden Lackierrollen aufeinander zeigend befestigen. An den Seiten der Schaumstoffrolle „Sperren“ anbringen, damit die Schnur nicht seitlich abrollt, z. B. Stücke einer Schwimmnudel oder Heizkörperisolierung (siehe Foto). Nun eine Schnur von der einen zur andren Rolle und wieder zurück ziehen, die Enden verknoten und an beiden Enden je einen Transportkorb anbinden.
Testen Sie aus, dass die beiden Körbe beim Drehen der Rolle ihren Platz tauschen und etwa gleichzeitig an der anderen Seite ankommen, wenn man die Schnur auf der Rolle zieht und die Rollen dreht. Legen Sie an beiden Enden der Seilbahn Schreibmaterial und Papier zum Malen oder Schreiben von Briefen bereit

Los geht's

Um Post zu versenden, stecken die Kinder selbst verfasste Briefe in den auf ihrer Seite der Seilbahn hängenden Transportkorb. Nun kann der Brief versendet werden, indem der Absender und der Adressat des Briefes am Seil der Seilbahn ziehen, wodurch sich beide Transportkörbe in Bewegung setzen. Es macht Spaß, den Versand des Briefes durch ein akustisches Signal anzukündigen, indem die Absenderin mit Glocke, Rassel oder Tröte signalisiert: Achtung, Post kommt, bitte ziehen!

Großer Lernmoment

Wenn mehrere Kinder am „Posteingang“ am anderen Seilende sitzen und die Absendenden verstehen, wozu es Adressen gibt: „Ich muss Yiyi draufschreiben, damit Yiyi weiß, dass es ihr Brief ist!“

Die Abflussrohr-Post

• **Material:** gerade HT-Abflussrohre (Ø 40 mm), gelbe Kapseln von Überraschungseiern, Papier, Stifte

Die Idee

Das Transportsystem der Rohrpost kann man fast nur noch im Museum bestaunen: Da werden Briefe in kleinen Kapseln ultraschnell per Luftdruck durch Rohre geschickt. Mit simplen Alltagsmaterialien lässt sich die Idee in der Kita nachempfinden, um eine besonders dynamische und schnelle Form der Briefzustellung per Pusten zu erproben.

Vorher ...

... mehrere Meter Rohre im Baumarkt besorgen und fest ineinanderstecken. Ü-Eier-Kapseln, kleine Zettel und Stifte bereitlegen.

So geht's:

Führen Sie vor, wie Ihre Rohrpost funktioniert: Zettel beschreiben, ins Ei stecken, dieses ins Rohr stecken und kräftig stoßartig pusten – und spätestens beim dritten Puster flutscht das Ei am anderen Ende heraus. Dort kann es geöffnet, die Nachricht gelesen und beantwortet werden. Klar, dass dieses dynamische Postsystem schnell von den Kindern erprobt wird, um damit nette oder auch freche Botschaften zu versenden.

Großer Lernmoment

Wenn die Kinder witzige Mitteilungen versenden und voller Spannung abwarten, wie das Gegenüber am anderen Rohrende reagiert: „Hier kommt ein böser Brief gepustet, mal sehn, wie du gleich guckst!“

Das Schreibbüro

• **Material:** bunte Papiere, schöne Briefumschläge, allerlei kleine Aufkleber und Haft-Etiketten, Emoji-Aufkleber, Fake-Geldscheine, Stifte

Die Idee

Ein großer Teil heutiger Arbeitsplätze besteht aus Büros. Logisch, dass neben einem Uralt-Tante-Emma-Laden auch ein Kinder-Büro in den Rollenspielbereich gehört! Bei diesem Freispiel-Impuls gibt es neben farbenfrohen Briefumschlägen und Papieren jede Menge bildhaftes Material im Angebot, mit dem die Kinder auch ohne Schreibkenntnisse einander schöne Briefe „schreiben" können.

Vorher ...

... im Schreibwarenladen oder einem Non-Food-Discounter allerlei Schreibartikel beschaffen. Besonders Fake-Geldscheine und Emoji-Aufkleber bringen die Fantasie der Kinder auf Trab.

Los geht's

Selbstständig erspielen sich die Kinder die Welt des Büros und andere Brief-Momente, indem sie Adressen auf Umschläge schreiben und Briefe mit scheinbar Wertvollem („Geld") oder persönlichen Botschaften (Emoji-Aufkleber) füllen.

Großer Lernmoment

Wenn Kinder beim Aufschreiben der Adresse plötzlich gleiche Buchstabenkombinationen bei unterschiedlichen Namen feststellen: „Hä, ALIX hat einfach dein L und dein I, Lily?“

Milchzucker-Geheimschrift

• **Material:** gezuckerte Kondensmilch in Tube oder Dose, Wattestäbchen, Papier, Bügeleisen, Backpapier

Die Idee

Schrift ist ohnehin eine rätselhafte Sache – und größer wird der Rätselspaß, versendet man Bilder oder Texte mit unsichtbarer Geheimtinte. Die bei dieser Idee vorgeschlagene Geheimtinte aus gezuckerter Kondensmilch hat den Vorzug, dass sie sich durch schnelles Erwärmen mit dem Bügeleisen sichtbar machen lässt.

Vorher …

…gezuckerte Kondensmilch im Supermarkt besorgen. Bieten Sie diese klebrige Substanz in einem flachen Schälchen an, dazu Wattestäbchen zum „Schreiben". Bügeleisen und Backpapier bereitlegen. Stellen Sie ein Musterblatt mit Geheimschrift her.

Los geht's

Führen Sie am Musterblatt den Effekt vor, erläutern Sie den Kindern den sicheren Umgang mit dem Bügeleisen (nach Benutzung aufstellen, nicht unten anfassen, immer Backpapier zwischen Eisen und „Geheimschrift"). Nach einer kurzen Schulung können Vorschulkinder sicher mit dem Bügeleisen umgehen.

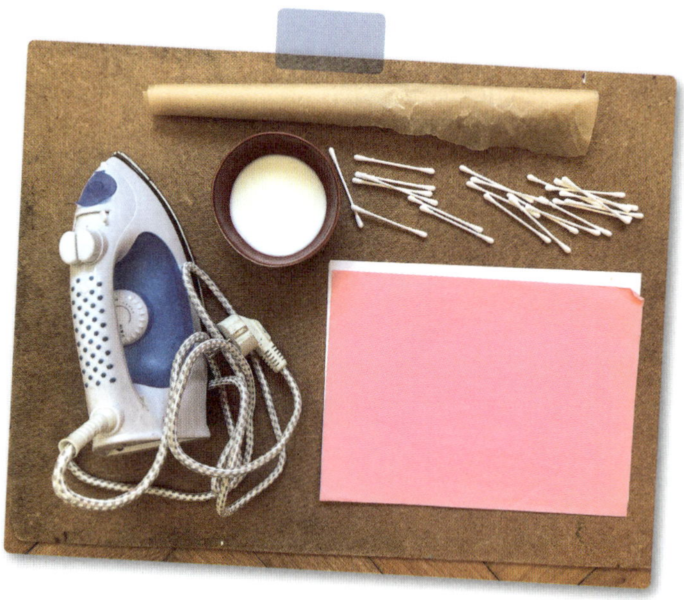

Großer Lernmoment

Wenn Alix sich zu ihrem Geheimbrief noch eine Anleitung für ihre Mutter vorschreiben lässt, damit diese den Brief auch ohne verbale Erklärung dechiffrieren kann: „DU MUSST ES BÜGELN“

Wunschzettel

- **Material:** Karteikarten mit simplen Symbolen für begehrte Spielzeuge und Worten in Großbuchstaben, Papier, Stifte aller Art

Die Idee

Wünsche oder Forderungen sind ein wichtiger Grund dafür, etwas aufzuschreiben. Mit diesem Freispiel-Impuls laden Sie die Kinder ein, Wunschzettel zu verfassen, die sie versenden können. Hilfsmittel sind Bildkarten, auf denen die Kinder Abbildungen typischer „Wünsche“ finden – und daneben das jeweilige Wort in Großbuchstaben.

Vorher ...

... Wünsche der Kinder in Bezug auf Spielzeug, Ausflugziele oder Speisen sammeln. Suchen Sie im Internet nach schnell zu verstehenden Bildern (zum Beispiel über die Google-Bildersuche, Einstellung „Suchfilter / Typ / Strichzeichnung“), drucken Sie diese aus und schreiben sie neben das Bild in Großbuchstaben das jeweilige Wort. Zusätzlich bereiten Sie eine Karte mit kurzer Überschrift vor, etwa: „DAS WÜNSCHE ICH MIR“, „MEIN WUNSCH FÜR DAS ESSEN“, „DA WILL ICH MAL HIN“.

Los geht's

Stellen Sie die Idee vor, die jeweiligen Wünsche herauszusuchen, sorgfältig zu betrachten und abzuschreiben, den eigenen Namen hinzuzuschreiben – und das jeweilige Blatt der Person zu senden, die die Wünsche vielleicht umsetzen kann. Dann stellen die Kinder ihre Wunschlisten zusammen, und vor dem Versenden sprechen Sie zusammen darüber, was wohl passiert – und wovon es abhängt, ob Wünsche wirklich realisiert werden.

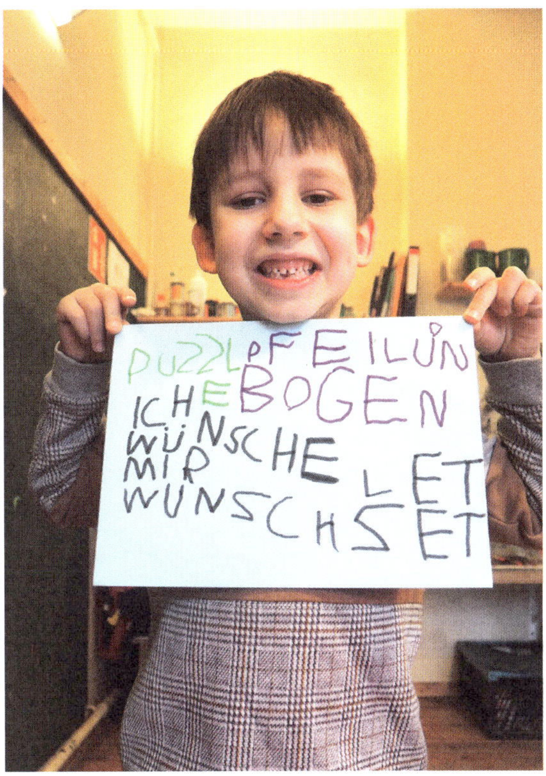

Großer Lernmoment

Wenn der mühsam abgeschriebene Wunschzettel endlich stolz mit Adresse und Absender versehen wird: „VON MIA FÜR MAMA“

Checkliste:

Was noch in der Schreibecke liegen könnte

Alte Schreibmaschine, um Papier einzuspannen und zu betippen: „Toll, der Drucker druckt sofort, was ich will!“

Altes Handy mit funktionstüchtiger Spracheingabe-Funktion, die eingesprochene Worte in Text umwandelt – hochspannend!

Fotoapparat oder Handy mit Fotofunktion, um beim Ausflug oder im Haus Buchstaben einzufangen: Ich hab ein X gefunden!

Unausgefüllte Formulare und Paket-Aufkleber: Jede leere Zeile lädt ein, sie mit Schrift zu füllen.

Defekte Bücher, gerade auch mit uralten Frakturschriften – zum Betrachten, Nachmalen oder als Malpapier mit merkwürdigem Muster.

Schulranzen mit Fibel, Schreibheften und Füller, um sich im Rollenspiel den Schulbesuch vorzustellen.

Anlauttabelle mit Bildern zu jedem Buchstaben: A wie Affe, B wie Banane etc., um selber heraus-zufinden, wie man Bahn schreibt: B wie Banane, dann A wie Affe, dann N wie Nuss?

Alte Bürostempel und Stempelkissen, um sie auf das Papier zu drücken und ab und zu nachzufragen: Was heißt das denn?

Reim-Memory-Karten für aufmerksame Zuhörer: Welche Karte passt zum Bild „Banane“? „Fahne!“

Stanzbuchstaben und Hammer, um Werke in der Werkstatt mit Hammerschlag zu „autorisieren“: Das hat EMMA gebaut!

Danksagung

Alle Schreib-Aktionen in diesem Buch konnte ich mit den Kindern der Kindertagesstätte „Am Heiligen See“ in Potsdam ausprobieren. Ihnen, dem Kitateam, vor allem ihrer kreativen Atelier-Erzieherin Catrina Steffen gilt mein Dank!